RECLAIMING YOUR BODY:

NOTES FROM THE DOCTOR

Exercise & Weight Management

高峰杉　航　概　刘健松　著

体重革命——医生手记

医学科普丛书

运动与体重管理

大连理工大学出版社
辽宁科学技术出版社

图书在版编目（CIP）数据

运动与体重管理 / 高峰杉，航概，刘健松著.
大连 : 大连理工大学出版社 ; 沈阳 : 辽宁科学技术出
版社，2025. 8. --（体重革命 : 医生手记 / 曲鹏主编
）. -- ISBN 978-7-5685-5950-8

Ⅰ. G883

中国国家版本馆CIP数据核字第2025023W4K号

运动与体重管理
YUNDONG YU TIZHONG GUANLI

出 版 人：苏克治
策划编辑：苏克治　顾　丰
责任编辑：邵　婉　李舒宁
责任校对：李宏艳
封面设计：周　洁

出版发行：大连理工大学出版社
（地址：大连市软件园路80号，邮编：116023）
电　　话：0411-84707410　0411-84708842（营销中心）
0411-84706041（邮购及零售）
邮　　箱：dutp@dutp.cn
网　　址：https: //www.dutp.cn

印　　刷：大连图腾彩色印刷有限公司
幅面尺寸：145mm × 208mm
印　　张：4.25
字　　数：81千字
版　　次：2025 年 8 月第 1 版
印　　次：2025 年 8 月第 1 次印刷
书　　号：ISBN 978-7-5685-5950-8
定　　价：45.00 元

《体重革命——医生手记》
编委会

顾　　问	胡大一	韩雅玲	董尔丹
丛书主编	曲　鹏		
丛书副主编	赵美森	李梵松	林景荣
编　　委	庄媛媛	司彦文	于英慧
	侯　菲	王子楠	田聪亮
	孙萌洁	谢明征	李　昱
	门莉莉	刘海斌	傅鹤宇
	王　峥	刘立清	王震男
	郭林璇	高峰杉	航　概
	刘健松	鲍英善	张欣怡
	张茂楠	周海成	

前言

亲爱的读者朋友：

体育运动能够带给我们健康的体魄、愉悦的心情、和谐的情感关系，以及积极向上的生活状态。然而，在快节奏的现代生活中，学习、工作和生活琐事占据了我们大量的时间，留给我们规划健康饮食、进行体育运动的时间并不多。科学地进行体育运动与体重管理，是优化时间管理的重要策略，是重塑健康体魄的关键方法，更是提升生活质量、迈向健康生活的有效途径。本书的初衷，正是为了改变当代青年人忙碌无序的生活状态，并试图解决这种状态引发的肥胖、超重等健康问题。我们以“21 天养成运动习惯”为基础，旨在为读者提供一套科学、系统且实用的运动与健康管理方案。通过建立合理的运动计划和饮食策略，帮助读者实现控制体重与体成分、提升体能和机能、增进身心健康的综合目标。

本书采用图文结合的形式，详细介绍了多个训练模块：提升身体运动幅度和限度，预防运动损伤的热身运动；提升心肺功能，加速脂肪消耗的有氧训练； 强化肌肉力量与形态的抗阻力量训练；提升身体灵活性，保障动作流畅的柔韧性与协调性训练。书中大部分内容都配有详细的动作图解、练习要点和注意事项，确保读者能够安全、高效地进行练习。借助本书提供的科学训练计划，读者可以跟随第五章节循序渐进地从基础适应阶段过渡到进阶突破阶段，逐步培养良好的运动习惯。最终，找到适合自己不同阶段的“运动处方”，确保在繁忙的学习、工作和生活之余，保持健康运动的好习惯。

一日之际在于晨，青年时期是塑造强健体魄的黄金阶段。作为长期投身在学校体育教育的工作者，作者团队特别期望能将体育运动与学生成长相结合，使之成为立德树人、强身健体的有力手段。因此，本书依据《国家学生体质健康标准》的目标和要求，阐述了该标准的由来与发展历程，不仅为学生读者提供了针对性的训练方法，也为其未来工作生活提供了模拟性锻炼模式，希望能够帮助更多读者塑造强健体魄。

科学的运动不仅能改善体态、增强体质，还能提升心肺功能、缓解压力，为生活注入更多活力。我们衷心希望这本书能够成为您健康路上的得力伙伴，陪伴您在运动中收获自信与快乐。

现在，让我们一起踏上这段充满挑战与成就的健康之旅吧！

著　者

2025 年 6 月

目录

第一章　热身运动 / 001

第二章　有氧训练是什么？到底怎么安排？ / 017

第三章 力量训练是什么？到底怎么安排？ / 041

第四章 柔韧和协调性训练是什么？到底怎么安排？ / 057

第五章 来，跟我练 21 天！ / 065

第一章

热身运动

目标：降低肌肉的黏滞性，增加关节的活动度，预防运动损伤。

一、踏步直臂绕环

动作要求：

◎ 手臂尽量伸直，向前向后画大圈

◎ 踏步时膝盖尽量抬高

◎ 保持正常呼吸节奏

练习作用：

◎ 主要练习：肩膀、上背部

◎ 辅助练习：胸部肌群（灵活性）

注意事项：

◎ 避免耸肩（保持肩膀远离耳朵）

◎ 手肘保持微弯，不锁死

◎ 速度放慢，感受肩膀拉伸

二、踏步双手下拉

动作要求：

◎ 自然站立，双手从头顶缓慢下拉

◎ 手肘保持微弯，不锁死

◎ 踏步时保持身体稳定

练习作用：

◎ 主要练习：中背部

◎ 辅助练习：腹部核心肌群

注意事项：

◎ 下拉时想象像拉弹簧一样轻柔

◎ 避免身体后仰或耸肩

◎ 注意力集中在肩胛骨收缩

三、踏步扩胸击掌

动作要求：

◎ 自然站立，张开大臂向两侧扩胸

◎ 双手在胸前轻轻击掌

◎ 踏步节奏与扩胸动作保持一致

练习作用：

◎ 主要练习：胸部、肩部后侧

◎ 辅助练习：背部肌群

注意事项：

◎ 击掌时手肘微弯

◎ 扩胸时，保持正常呼吸节奏

◎ 身体保持直立，避免后仰

四、侧弓步平移

动作要求：

◎ 向侧方跨步下蹲（类似螃蟹走路）

◎ 膝盖始终朝向脚尖方向

◎ 臀部向后坐

练习作用：

◎ 主要练习：大腿内侧、臀部

◎ 辅助练习：膝盖关节（稳定性）

注意事项：

◎ 双脚交替进行

◎ 保持重心位于中间，身体不摇晃

◎ 下蹲幅度量力而行

五、直臂扩胸

动作要求：

◎ 弓步时，前侧腿大腿需尽量与地面平行

◎ 后振手臂，打开胸腔

◎ 上背部保持直立，避免前倾

练习作用：

◎ 主要练习：大腿前侧、胸部

◎ 辅助练习：背部肌群

注意事项：

◎ 弓步时，膝盖不要超过脚尖

◎ 扩胸时不要耸肩

◎ 动作缓慢且有控制

六、半蹲单手向上冲拳

动作要求：

◎ 保持膝盖微弯

◎ 双手握拳，快速向上推举

◎ 臀部向后坐，保持身体平衡

练习作用：

◎ 主要练习：臀部、肩膀

◎ 辅助练习：腹部核心肌群

注意事项：

◎ 腰部不要前倾或后仰

◎ 手肘不要完全伸直

◎ 冲拳时呼气发力

七、侧弓步直臂击掌

动作要求：

◎ 侧弓步时，双手于胸前击掌

◎ 重心放在弯曲腿侧

◎ 动作连贯不卡顿

练习作用：

◎ 主要练习：大腿内侧、胸部

◎ 辅助练习：全身协调性

注意事项：

◎ 膝盖不要内扣

◎ 击掌轻柔，避免用力过猛

◎ 保持正常呼吸节奏

八、半蹲

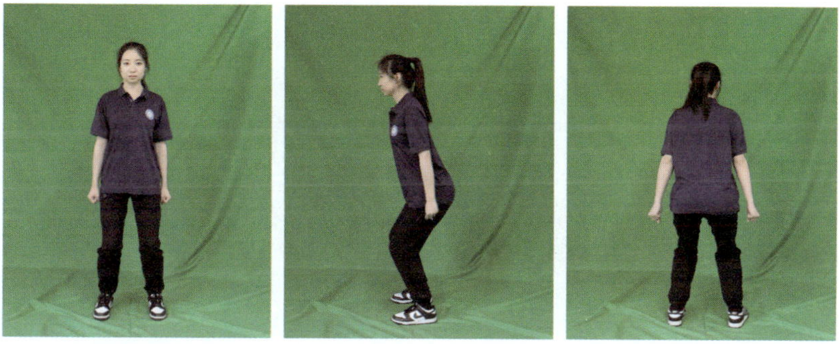

动作要求：

◎ 下蹲至大腿与地面约呈 45°

◎ 膝盖始终朝向脚尖方向

◎ 后背挺直，避免驼背

练习作用：

◎ 主要练习：大腿前侧、臀部

◎ 辅助练习：膝盖稳定性

注意事项：

◎ 膝盖不要超过脚尖

◎ 重心置于脚后跟

◎ 下蹲时吸气，起身时呼气

九、双手侧平举垫步抬腿

动作要求：

◎ 双臂平举与肩同高

◎ 抬腿时膝盖尽量抬高

◎ 垫步轻快，保持弹性

练习作用：

◎ 主要练习：肩膀、大腿

◎ 辅助练习：心肺耐力

注意事项：

◎ 避免手臂举得过高

◎ 抬腿时避免用力过猛

◎ 保持节奏稳定

十、原地踏步

动作要求：

◎ 自然摆臂，轻松踏步

◎ 足尖先着地，再过渡到全脚掌

◎ 保持呼吸平稳

练习作用：

◎ 主要练习：心肺（耐力）

◎ 辅助练习：下肢协调性

注意事项：

◎ 轻盈触地，避免跺脚

◎ 避免同手同脚

◎ 保持身体直立

十一、半蹲双拳上举下拉

动作要求：

◎ 保持半蹲姿势，双手举过头顶

◎ 下拉时，双拳约与耳部水平

◎ 保持腹部核心肌群收紧

练习作用：

◎ 主要练习：肩膀、背部

◎ 辅助练习：大腿

注意事项：

◎ 下拉时，肩膀下沉

◎ 下拉呼气，避免憋气

◎ 膝盖保持稳定

十二、侧平举夹肩

动作要求：

◎ 双臂侧平举

◎ 手肘微弯（类似端盘子）

◎ 动作缓慢且有控制

练习作用：

◎ 主要练习：肩部后侧、背部

◎ 辅助练习：上臂肌群

注意事项：

◎ 避免耸肩（耳朵远离肩膀）

◎ 避免手臂举得过高

◎ 肩胛骨收紧

十三、双手相叠触膝

动作要求：

◎ 手臂伸直，双手于头部上方叠放

◎ 手臂下落，轻触抬起的膝盖

◎ 用腹部力量带动动作

◎ 膝盖微弯，避免锁死

练习作用：

◎ 主要练习：下腹部

◎ 辅助练习：大腿前侧

注意事项：

◎ 避免用颈部发力

◎ 动作保持缓慢（像慢镜头）

◎ 后背挺直，避免弓背

打卡手账

第二章

有氧训练是什么？到底怎么安排？

有氧训练是一种通过持续、有节奏的运动，提升心肺功能和全身氧气利用效率的锻炼方式。它的核心特点是，在运动过程中，身体主要依靠氧气分解葡萄糖和脂肪来供能，因此也被称为“有氧代谢运动”。

目标：提升心肺功能，促进脂肪代谢。

进阶：逐步增大训练强度。

一、先练快走和慢跑吧

（一）快走

定义：以较快步伐行走，保证至少一只脚始终接触地面。

动作：无腾空阶段，脚跟先着地，再过渡到全脚掌，摆臂幅度较大，以加快速度。

速度：通常为 4.5 ～ 6.5 km/h。

强度：心率为最大值的 50% ～ 70%，热量消耗中等（200 ～ 350 kcal/h）。

适用人群：初学者、中老年人、体重较大者、关节不适者及康复训练人群。

（二）慢跑

定义：以中等速度跑步，步幅较小，节奏稳定。

动作：存在短暂腾空（两脚同时离地）阶段，身体略微前倾，自然摆臂。

速度：通常为 5 ～ 9 km/h（根据个人体能调整）。

强度：心率达到最大值的 60% ～ 80%，热量消耗较高（300 ～ 500 kcal/h）。

适用人群：体能较好、关节健康、希望提升耐力或减脂的人群。

二、有氧训练怎么安排

（一）仰卧肘触膝

动作要求：

◎ 仰卧，用腹部力量抬起肩部及上背部

◎ 交替用手肘触碰对侧膝盖

◎ 下背部尽量贴向地面

练习作用：

◎ 主要练习：上腹部

◎ 辅助练习：侧腰（腹斜肌）

注意事项：

◎ 避免用手拉拽脖子

◎ 动作缓慢且有控制

◎ 感觉腹部发酸

（二）仰卧双臂摆动

动作要求：

◎ 仰卧，双腿抬起微弯，双臂左、右摆动

◎ 腹部收紧保持稳定

◎ 摆动幅度适中

练习作用：

◎ 主要练习：腹部核心肌群

◎ 辅助练习：肩部

注意事项：

◎ 避免腰部拱起

◎ 摆动像钟摆一样轻柔

◎ 配合呼吸（摆动时呼气）

（三）靠墙静蹲

动作要求：

◎ 背部贴墙缓慢下蹲

◎ 大腿尽量与地面平行

◎ 膝盖始终朝向脚尖方向

练习作用：

◎ 主要练习：大腿前侧、臀部

◎ 辅助练习：腹部核心肌群稳定性

注意事项：

◎ 膝盖避免内扣

◎ 深呼吸，避免憋气

◎ 静蹲时间从 30 s 开始逐步增加

（四）双腿扶墙提踵

动作要求：

◎ 双手扶墙提踵（踮脚尖）

◎ 脚跟抬高至最高点

◎ 控制速度，缓慢下落

练习作用：

◎ 主要练习：小腿肌群

◎ 辅助练习：脚踝稳定性

注意事项：

◎ 避免膝盖锁死

◎ 重心置于前脚掌

◎ 身体保持直立

（五）深蹲左、右平移

动作要求：

◎ 保持半蹲姿势，进行横向移动

◎ 膝盖始终朝向脚尖方向

◎ 类似螃蟹走路，身体保持低位

练习作用：

◎ 主要练习：大腿内侧、臀部

◎ 辅助练习：侧向移动能力

注意事项：

◎ 避免身体上下起伏

◎ 小步移动更安全

◎ 保持腹部核心肌群收紧

（六）垫步胯下击掌

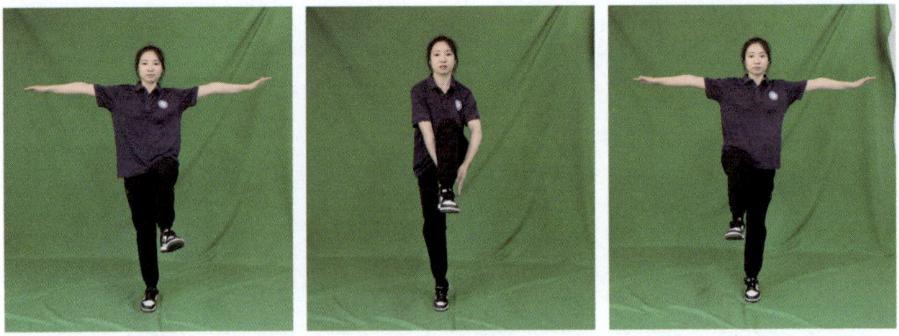

动作要求：

◎ 原地垫步，抬大腿至腰部

◎ 双手于胯下快速击掌

◎ 保持身体直立

练习作用：

◎ 主要练习：大腿、心肺

◎ 辅助练习：协调性

注意事项：

◎ 膝盖高度不要超过腰部

◎ 击掌轻柔，避免用力过猛

◎ 保持正常呼吸节奏，避免憋气

（七）同侧提膝触肘

动作要求：

◎ 站立时提膝，触碰同侧手肘

◎ 利用腹部力量带动动作

◎ 保持身体稳定，避免晃动

练习作用：

◎ 主要练习：侧腰、髋关节

◎ 辅助练习：平衡能力

注意事项：

◎ 避免弯腰驼背

◎ 动作速度适中

◎ 膝盖尽量抬高

（八）俯身慢速登山

动作要求：

◎ 俯身平板支撑姿势

◎ 交替提膝，向胸部靠近

◎ 动作缓慢且有控制

练习作用：

◎ 主要练习：腹部核心肌群、肩部

◎ 辅助练习：大腿前侧

注意事项：

◎ 避免臀部抬太高

◎ 避免腰部塌陷

◎ 颈部保持放松

（九）扶墙登山

◎ 动作要求：

◎ 双手扶墙，身体前倾

◎ 交替提膝至腰部高度

◎ 保持动作节奏稳定

练习作用：

◎ 主要练习：心肺、大腿

◎ 辅助练习：肩部稳定性

注意事项：

◎ 避免身体前后晃动

◎ 膝盖尽量抬高

◎ 前脚掌轻触地面

（十）俯卧触肩

◎ 动作要求：

◎ 俯身平板支撑姿势

◎ 单手抬起触对侧肩，交替进行，保持平衡

◎ 全程收紧腹部核心肌群

练习作用：

◎ 主要练习：腹部核心肌群、肩部

◎ 辅助练习：背部稳定性

注意事项：

◎ 避免臀部左、右扭动

◎ 动作轻快不拖沓

◎ 避免颈部前伸

（十一）弓步单手触地

动作要求：

◎ 弓步姿势，单手触地

◎ 前腿膝盖不要超过脚尖

◎ 跳起后，换另一侧

练习作用：

◎ 主要练习：大腿前侧、平衡性

◎ 辅助练习：腹部核心肌群稳定性

注意事项：

◎ 避免膝盖内扣

◎ 触地时背部尽量挺直

◎ 动作缓慢且有控制

（十二）立卧撑

动作要求：

◎ 下蹲→后跳成平板支撑姿势→完成俯卧撑→双手举过头顶向前跳回

◎ 动作连贯，一气呵成

◎ 落地轻柔，且有缓冲

练习作用：

◎ 主要练习：全身性锻炼（高效燃脂）

◎ 辅助练习：爆发力

注意事项：

◎ 腰痛者跳过俯卧撑步骤

◎ 膝盖微弯，以缓冲落地冲击

◎ 保持正常呼吸节奏

（十三）仰卧车轮跑

动作要求：

◎ 仰卧，交替蹬腿（类似骑自行车）

◎ 双手轻扶对侧肩膀，避免拉扯颈部

◎ 下背部尽量贴向地面

练习作用：

◎ 主要练习：下腹部

◎ 辅助练习：大腿前侧

注意事项：

◎ 动作要慢（类似慢动作回放）

◎ 避免憋气（蹬腿时呼气）

◎ 颈部放松，下巴微收

（十四）胯下击掌

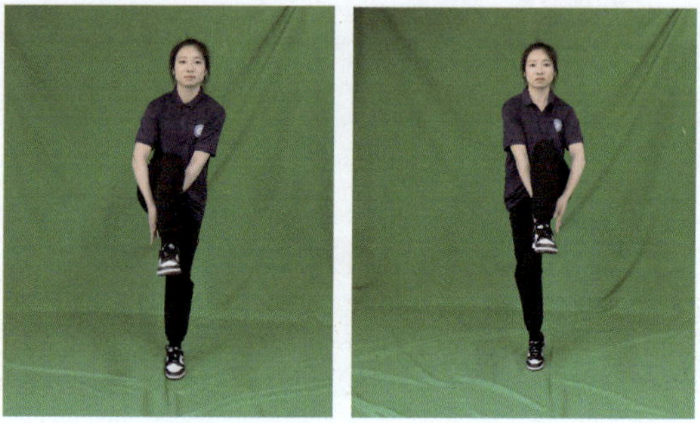

动作要求：

◎ 原地抬腿，至腰部高度

◎ 双手在胯下快速击掌

◎ 保持身体直立，避免后仰

练习作用：

◎ 主要练习：心肺耐力

◎ 辅助练习：协调性

注意事项：

◎ 避免膝盖抬得过高（量力而行）

◎ 击掌轻柔，避免用力过猛

◎ 自然呼吸，避免憋气

（十五）抬腿摸脚

动作要求：

◎ 双脚打开与肩宽，手臂向两侧伸平

◎ 站立抬腿，用对侧手触碰脚内侧

◎ 站立腿膝盖尽量伸直，避免弯曲

◎ 动作缓慢且有控制

练习作用：

◎ 主要练习：侧腰、大腿后侧

◎ 辅助练习：身体柔韧性

注意事项：

◎ 避免弯腰驼背（用侧腰发力）

◎ 若触碰不到脚，可改为触碰小腿

◎ 保持身体稳定

（十六）抬腿肘触膝

动作要求：

◎ 自然站立，双手向后抱头

◎ 提膝，用手肘触碰膝盖

◎ 用腹部力量带动动作

◎ 左、右两侧交替进行

练习作用：

◎ 主要练习：侧腰、髋部

◎ 辅助练习：平衡能力

注意事项：

◎ 避免颈部前伸

◎ 膝盖尽量抬高至腰部

◎ 动作速度适中

（十七）下蹲摸地

动作要求：

◎ 深蹲到底，双手交替轻触地面

◎ 臀部向后坐（类似坐椅子）

◎ 站起时，臀部发力

◎ 双脚分开比肩略宽，重心居中

练习作用：

◎ 主要练习：臀部、大腿

◎ 辅助练习：腹部核心肌群稳定性

注意事项：

◎ 膝盖不要超过脚尖

◎ 若触碰不到地面，改为触碰脚踝

◎ 背部挺直，避免弓背

（十八）跳步摆拳

动作要求：

◎ 小跳步移动，同时进行左、右摆拳

◎ 拳头与肩同高，水平摆动

◎ 落地时，膝盖微弯进行缓冲

练习作用：

◎ 主要练习：心肺功能、肩部

◎ 辅助练习：协调性

注意事项：

◎ 避免用力过猛（类似击打空气）

◎ 保持腹部核心肌群收紧，避免后仰

◎ 避免同手同脚

（十九）原地小跳

动作要求：

◎ 轻微弹跳（类似跳绳）

◎ 前脚掌着地，膝盖微弯

◎ 双臂屈肘置于腰侧

练习作用：

◎ 主要练习：心肺激活

◎ 辅助练习：小腿肌肉

注意事项：

◎ 避免跳得过高（离地 3 ～ 5 cm 为佳）

◎ 保持节奏稳定

◎ 腰痛者减小幅度

（二十）深蹲

动作要求：

◎ 臀部后坐（类似坐椅子）

◎ 膝盖始终朝向脚尖方向

◎ 站起时臀部夹紧

练习作用：

◎ 主要练习：臀部、大腿

◎ 辅助练习：腹部核心肌群稳定性

注意事项：

◎ 避免弓背（胸口向前挺）

◎ 深蹲幅度量力而行

◎ 站起时呼气发力

（二十一）台阶运动（左、右交替）

动作要求：

◎ 单脚踩台阶，重心前移

◎ 用臀部力量带动身体

◎ 膝盖始终朝向脚尖方向

练习作用：

◎ 主要练习：臀部、大腿

◎ 辅助练习：平衡能力

注意事项：

◎ 避免用膝盖发力（感受臀部收缩）

◎ 台阶高度不要超过膝盖

◎ 动作缓慢且有控制

打卡手账

第三章

力量训练是什么？到底怎么安排？

力量训练是一种通过对抗阻力来增强肌肉力量、耐力和体积的锻炼方式，核心目标是提升身体的功能性能力并塑造肌肉形态。它不仅是健身爱好者的选择，更是改善身体健康状态、预防身体损伤的重要方法。

目标：强化肌肉群，以提升基础代谢。

进阶：逐步增加器械负重、次数与组数。

一、哑铃

（一）深蹲双手持哑铃触地

动作要求：

◎ 双手持哑铃下蹲，触碰地面，再推举哑铃至站直

◎ 膝盖始终朝向脚尖方向

◎ 后背挺直，避免弓背

练习作用：

◎ 主要练习：臀部、大腿

◎ 辅助练习：肩部稳定性

注意事项：

◎ 哑铃重量量力而行

◎ 下蹲幅度以能保持平衡为准

◎ 避免腰部塌陷

（二）哑铃下蹲上举

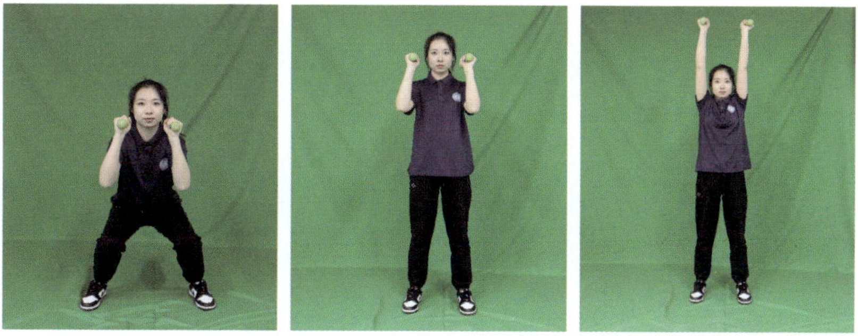

动作要求：

◎ 先深蹲到底，再推举哑铃至站直

◎ 手臂伸直但不锁死

◎ 动作连贯，避免卡顿

练习作用：

◎ 主要练习：全身爆发力

◎ 辅助练习：心肺耐力

注意事项：

◎ 推举时避免腰部反弓

◎ 哑铃轨迹垂直上下

◎ 下蹲时吸气，推举时呼气

（三）哑铃俄罗斯转体

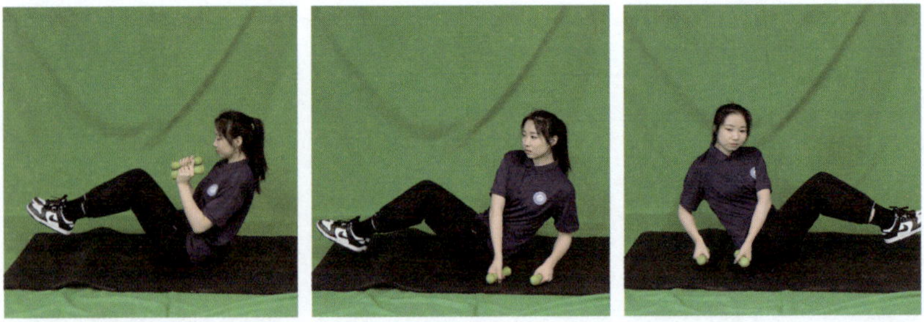

动作要求：

◎ 坐地手持哑铃，左、右转体

◎ 膝盖微弯保持平衡

◎ 用腰腹力量带动上身转动

练习作用：

◎ 主要练习：侧腰、腹部

◎ 辅助练习：髋部稳定

注意事项：

◎ 避免用惯性甩动哑铃

◎ 背部挺直，避免驼背

◎ 转体幅度量力而行

（四）双手持哑铃碎步冲拳

动作要求：

◎ 小碎步移动，同时向前冲拳

◎ 哑铃握紧，保持身体稳定

◎ 腹部核心肌群收紧，身体微微前倾

练习作用：

◎ 主要练习：肩部、心肺功能

◎ 辅助练习：腹部核心肌群稳定性

注意事项：

◎ 避免上半身过度晃动

◎ 冲拳时肩膀放松

◎ 膝盖微弯，缓冲震动

二、橡皮带

（一）橡皮带俯身划船

动作要求：

◎ 脚踩橡皮带，俯身向后拉

◎ 手肘贴近身体两侧

◎ 背部发力带动动作

练习作用：

◎ 主要练习：背部中部

◎ 辅助练习：手臂后侧

注意事项：

◎ 避免用腰部代偿

◎ 后拉时呼气，放松时吸气

◎ 选择阻力合适的弹力带

（二）橡皮带硬拉

动作要求：

◎ 脚踩橡皮带，做硬拉动作

◎ 先利用臀部后推，再起身

◎ 全程保持背部挺直

练习作用：

◎ 主要练习：臀部、大腿后侧

◎ 辅助练习：腹部核心肌群稳定性

注意事项：

◎ 膝盖微弯，避免锁死

◎ 避免圆背或反弓

◎ 动作缓慢且有控制

（三）皮带高拉

动作要求：

◎ 双手握紧皮带，从膝关节上方拉至头顶上方

◎ 肘关节微曲

◎ 挺胸抬头拔背

练习作用：

◎ 主要练习：背部上侧

◎ 辅助练习：肩部后侧

注意事项：

◎ 避免耸肩

◎ 下拉时呼气

◎ 全程保持皮带张力不松垮

三、壶铃

（一）壶铃蹲摆

动作要求：

◎ 双手握住壶铃，从胯下向前摆动

◎ 利用臀部爆发力进行摆动

◎ 壶铃摆至略高于胸部高度

练习作用：

◎ 主要练习：臀部、大腿后侧

◎ 辅助练习：心肺爆发力

注意事项：

◎ 避免用手臂甩动

◎ 全程收紧腹部核心肌群

◎ 膝盖始终朝向脚尖方向

（二）壶铃小步快推

动作要求：

◎ 双手握住壶铃于胸前，手肘贴近身体

◎ 小碎步移动

◎ 快速推举

练习作用：

◎ 主要练习：肩部、心肺功能

◎ 辅助练习：腹部核心肌群稳定性

注意事项：

◎ 推举时手腕保持中立

◎ 避免身体后仰借力

◎ 壶铃重量从轻开始

（三）壶铃快推

动作要求：

◎ 壶铃举至胸部

◎ 快速向斜上方推举，至手臂伸直

◎ 下肢微蹲助力

练习作用：

◎ 主要练习：肩部、爆发力

◎ 辅助练习：腹部核心肌群稳定性

注意事项：

◎ 避免手腕过度后翻

◎ 推举轨迹垂直向上

◎ 选择适合重量的壶铃

四、重球

（一）重球砸地

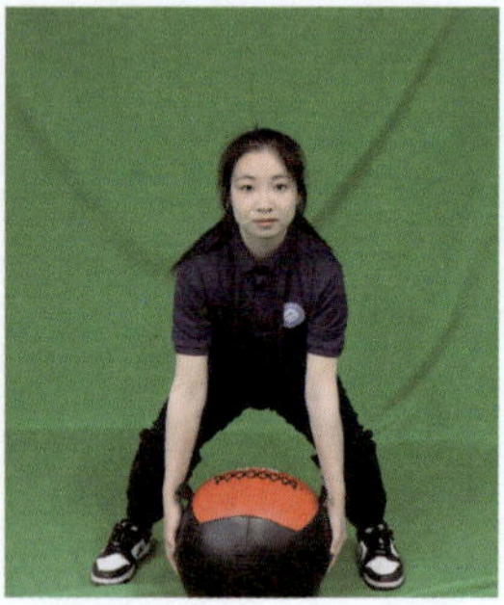

动作要求：

◎ 双手举球过头顶，用力砸地

◎ 用全身力量带动动作

◎ 接球时缓冲下蹲

练习作用：

◎ 主要练习：全身爆发力

◎ 辅助练习：腹部核心肌群稳定性

注意事项：

◎ 避免腰部反弓发力

◎ 砸地位置固定

◎ 选择软质地面练习

（二）重球推举

动作要求：

◎ 双手于胸前抱球

◎ 下肢微蹲，助力向上推举

◎ 推举时，手臂伸直但不锁死

练习作用：

◎ 主要练习：肩部、腿部

◎ 辅助练习：心肺耐力

注意事项：

◎ 推举时呼气发力

◎ 避免用腰部代偿

◎ 球体紧贴身体不远离

（三）重球蹲举

动作要求：

◎ 下肢微蹲，举球过头顶

◎ 动作连贯一气呵成

◎ 保持腹部核心肌群收紧

练习作用：

◎ 主要练习：臀部、肩部

◎ 辅助练习：全身协调性

注意事项：

◎ 深蹲时避免膝盖内扣

◎ 举球轨迹垂直向上

◎ 重球重量从轻开始

打卡手账

章

川练是什么?

柔韧性和协调性训练是提升身体灵活度、动作流畅度及神经肌肉控制能力的关键训练方式，此训练常被忽视但至关重要。

目标：降低肌肉黏滞性，增加关节活动度，预防运动损伤，增强身体协调性。

进阶：逐步增加静力动作的控制时间。

一、颈部拉伸

（一）颈部侧向拉伸

坐地或自然站立，右手轻按左耳上方，缓慢将头向右侧倾斜，感受左侧颈部拉伸，保持 15 s，换另一侧重复上述动作。

要点：肩膀下沉，避免耸肩，身体保持直立。

（二）颈部旋转放松

自然站立，头部缓慢向左侧转动至极限，停留 2 s 后回正，再向右转，重复 5 次。

二、肩部与上背部拉伸

交叉手臂拉伸：自然站立，右手伸直横过胸前，左手扶住右肘向身体方向轻压，感受右肩后侧拉伸，保持 15 s，换另一侧重复上述动作。

三、手臂与胸肌拉伸

（一）上臂后侧（肱三头肌）拉伸

自然站立，右手举过头顶，屈肘使手掌贴向背部，左手向左侧轻拉右肘，感受右大臂后侧拉伸，保持 15 s，换另一侧重复上述动作。

（二）扩胸开肩

自然站立，双手于背后十指交扣，手臂伸直向后上方抬起，同时抬头挺胸，保持 20 s。

四、腰背与侧腹拉伸

（一）猫牛式（动态）

身体呈四肢跪姿，吸气时塌腰抬头（牛式），呼气时拱背低头（猫式），重复 10 次。

（二）站姿侧腰拉伸

自然站立，双脚分开与肩同宽，右手叉腰，左手上举并向右侧弯腰，感受左侧腰部拉伸，保持 15 s，换另一侧重复上述动作。

五、臀部与大腿拉伸

（一）弓步转体

右腿向前迈呈弓步，双手扶右膝，躯干向左转体，保持 15 s，回正后换腿重复上述动作。

（二）静态臀肌拉伸

坐地，右腿屈膝跨过左腿，左腿弯曲，双手抱右膝向胸口轻拉，感受右臀拉伸，保持 20 s，换另一侧重复上述动作。

（三）大腿前侧（股四头肌）拉伸

自然站立，右手扶墙，左手抓住左脚踝向后、向臀部拉近，膝盖垂直向下，保持 15 s，换另一侧重复上述动作。

六、髋关节拉伸

（一）髋前侧（髂腰肌）拉伸

低弓步拉伸：右腿向前屈膝成弓步，左膝着地（可垫毛巾），双手扶右膝，骨盆微微后倾，躯干直立向前推髋，感受左髋前侧拉伸。每侧 20 ～ 30 s，2 组。

要点：避免腰部过度前凸，若后腿膝盖感觉不适可垫软垫。

（二）髋内侧（内收肌）拉伸

青蛙式拉伸：坐地，双脚脚底相对，膝盖向两侧打开，双手握住脚踝，身体前倾（保持背部平直），感受大腿内侧拉伸，保持静态 20 s。

七、小腿与脚踝拉伸

（一）小腿后侧（比目鱼肌）拉伸

面对墙站立，右腿屈膝在前，左腿伸直在后，脚跟着地，身体前倾下压，保持 20 s，换另一侧重复上述动作。

（二）脚踝绕圈

左脚站立，右脚脚尖点地，沿顺时针、逆时针方向各绕左脚脚踝 10 圈，换另一侧重复上述动作。

八、全身整合放松

站姿前屈（拉伸大腿后侧与背部）：双脚并拢，缓慢弯腰，双手触地或抱住小腿，膝盖微屈，保持 20 s。

注意事项

◎ 静态拉伸适合运动后放松，每个动作保持 15 ～ 30 s。

◎ 拉伸时保持自然呼吸，避免憋气或过度用力导致疼痛。

打卡手账

第五章

来，跟我练 21 天！

一、第一阶段：先这么练（Day1—7）

目标：适应训练强度，建立运动习惯。

重点：低强度有氧训练与基础力量训练结合，每日记录饮食、体重与运动数据，具体见表 1。

表 1　第一阶段训练表

	练习方法	时间 / 组数
第一天	热身环节： 踏步直臂绕环 踏步双手下拉 踏步扩胸击掌 侧弓步平移	每个动作 60 s， 循环 3 轮
	HIIT 练习（高强度间歇训练）： 仰卧肘触膝 深蹲双手持哑铃触地 橡皮带俯身划船	每个动作 30 s，间歇 10 s， 循环 3 轮
	有氧训练： 原地快速小步跑 开合跳 踏步走	原地快速小跑 40 s，开合跳 40 s，踏步走 20 s， 循环 3 轮
	全身动作训练： 俯身慢速登山 原地小跳 深蹲 原地小跳	俯身慢速登山 30 s，原地小跳 20 s，深蹲 30 s，原地小跳 20 s，循环 1 轮

（续表）

	练习方法	时间 / 组数
第二天	热身环节： 踏步直臂绕环 踏步双手下拉 踏步扩胸击掌 侧弓步平移	每个动作 60 s，循环 3 轮
	HIIT 练习： 仰卧肘触膝 深蹲双手持哑铃触地 橡皮带俯身划船	每个动作 30 s，间歇 10 s，循环 3 轮
	有氧训练： 原地快速小步跑 开合跳 踏步走	每个动作 40 s，间歇 20 s，循环 3 轮
	全身动作训练： 俯身慢速登山 原地小跳 深蹲 原地小跳	每个动作 40 s，原地小跳 20 s，循环 3 轮
第三天	热身环节： 踏步直臂绕环 踏步双手下拉 踏步扩胸击掌 侧弓步平移	每个动作 60 s，循环 3 轮

（续表）

	练习方法	时间 / 组数
第三天	HIIT 练习： 仰卧肘触膝 深蹲双手持哑铃触地 橡皮带硬拉	每个动作 30 s，间歇 10 s，循环 3 轮
	有氧训练： 双手下拉提膝 踏步走 开合跳 踏步走	双手下拉提膝 45 s，开合跳 45 s，踏步走 10 s，循环 3 轮
	全身动作训练： 俯身慢速登山 原地小跳 深蹲 原地小跳 俯卧触肩	俯身登山、深蹲和俯卧触肩各 40 s，原地小跳 10 s，循环 3 轮
第四天	热身环节： 弓步直臂振臂扩胸 半蹲双手向上冲拳 侧弓步直臂击掌 半蹲	每个动作 60 s，循环 3 次
	HIIT 练习： 靠墙静蹲 双腿扶墙提踵 仰卧车轮跑	每个动作 30 s，间歇 10 s，循环 2 轮

（续表）

	练习方法	时间 / 组数
第四天	完成 3 000 m 快走或慢跑 动作要求： ◎ 小步幅快步频 （约 150 步 /min） ◎ 身体微微前倾，用臀部发力 ◎ 前脚掌先着地 练习作用： ◎ 主要练习：心肺耐力 ◎ 辅助练习：小腿肌肉 注意事项： ◎ 避免跨大步（采用小碎步更有利于保护膝关节） ◎ 保持能平稳说话的运动强度 ◎ 结束后慢走 3 min 再停下	速度 7 km/h 或 8 km/h
第五天	热身环节： 弓步直臂振臂扩胸 半蹲双手向上冲拳 侧弓步直臂击掌 半蹲	每个动作 70 s，循环 3 轮
	HIIT 练习： 靠墙静蹲 双腿扶墙提踵 橡皮带硬拉	每个动作 45 s，间歇 10 s，循环 3 轮

（续表）

	练习方法	时间 / 组数
第五天	有氧训练： 双手下拉提膝 开合跳	每个动作 50 s，间歇 10 s，循环 3 轮
	全身动作训练： 俯身慢速登山 深蹲 俯卧触肩	每个动作 40 s，间歇 10 s，循环 3 轮
第六天	热身环节： 弓步直臂振臂扩胸 半蹲双手向上冲拳 双手侧平举垫步抬腿 半蹲	每个动作 70 s，循环 3 轮
	HIIT 练习： 深蹲左右平移 垫步胯下击掌 同侧提膝触肘	每个动作 45 s，间歇 10 s，循环 3 轮
	有氧训练： 双手下拉提膝 开合跳 靠墙静蹲	每个动作 50 s，间歇 10 s，循环 3 轮
	全身动作训练： 俯身慢速登山 深蹲 弓步单手触地	每个动作 40 s，间歇 10 s，循环 3 轮

（续表）

	练习方法	时间 / 组数
第七天	热身环节： 弓步直臂振臂扩胸 半蹲双手向上冲拳 双手侧平举垫步抬腿 半蹲	每个动作 70 s，循环 3 轮
	HIIT 练习： 壶铃蹲摆 垫步胯下击掌 重球砸地	每个动作 40 s，间歇 5 s，循环 4 轮
	有氧训练： 双手下拉提膝 开合跳 靠墙静蹲 同侧提膝触肘	每个动作 50 s，间歇 10 s，循环 3 轮
	全身动作训练： 俯身慢速登山 皮带高拉 弓步单手触地	每个动作 45 s，间歇 10 s，循环 3 轮

二、第二阶段：然后这么练（Day8—14）

目标：显著降低体脂率，提升肌肉量。

重点：增加 HIIT 训练强度，加入柔韧性课程，定期调整饮食计划，具体见表 2。

表 2　第二阶段训练表

	练习方法	时间 / 组数
第八天	热身环节： 弓步直臂振臂扩胸 半蹲双手向上冲拳 双手侧平举垫步抬腿 半蹲	每个动作 70 s，循环 3 轮
	HIIT 练习： 壶铃蹲摆 哑铃下蹲上举 重球砸地 开合跳	每个动作 60 s，间歇 10 s，循环 4 轮
	完成 3 000 m 慢跑或快走	速度 7 km/h 或 8 km/h
第九天	热身环节： 弓步直臂振臂扩胸 半蹲双手向上冲拳 双手侧平举垫步抬腿 半蹲	每个动作 70 s，循环 3 轮
	HIIT 练习： 壶铃蹲摆 哑铃下蹲上举 重球砸地 开合跳	每个动作 60 s，间歇 15 s，循环 4 轮
	有氧训练： 胯下击掌 抬腿摸脚 原地小步跑 抬腿肘触膝	每个动作 50 s，间歇 10 s，循环 3 轮

（续表）

	练习方法	时间 / 组数
第九天	全身动作训练： 俯身慢速登山 皮带高拉 弓步单手触地	每个动作 45 s，间歇 10 s，循环 3 轮
第十天	热身环节： 弓步直臂振臂扩胸 半蹲双手向上冲拳 双手侧平举垫步抬腿 半蹲	每个动作 70 s，循环 3 轮
	HIIT 练习： 哑铃俄罗斯转体 壶铃小步快推 重球推举 皮带俯身划船	每个动作 60 s，间歇 10 s，循环 4 轮
	有氧训练： 胯下击掌 抬腿摸脚 开合跳 抬腿肘触膝	每个动作 50 s，间歇 10 s，循环 3 轮
	全身动作训练： 俯身慢速登山 立卧撑 弓步单手触地	每个动作 40 s，间歇 10 s，循环 3 轮

（续表）

	练习方法	时间 / 组数
第十一天	热身环节： 踏步直臂绕环 半蹲双手向上冲拳 踏步双手下拉 半蹲	每个动作 70 s，循环 3 轮
	HIIT 练习： 哑铃俄罗斯转体 壶铃小步快推 重球推举 皮带俯身划船	每个动作 60 s，间歇 10 s，循环 4 轮
	有氧训练： 胯下击掌 抬腿摸脚 开合跳 抬腿肘触膝	每个动作 50 s，间歇 10 s，循环 3 轮
	全身动作训练： 俯身慢速登山 原地小跳 深蹲 原地小跳 俯卧触肩	每个动作 40 s，间歇 10 s，循环 3 轮
第十二天	热身环节： 踏步直臂绕环 半蹲双手向上冲拳 踏步双手下拉 半蹲	每个动作 70 s，循环 3 轮

（续表）

	练习方法	时间 / 组数
第十二天	HIIT 练习： 深蹲双手持哑铃触地 壶铃蹲摆 重球砸地 皮带高拉	每个动作 60 s，间歇 10 s，循环 4 轮
	有氧训练： 胯下击掌 抬腿摸脚 开合跳 靠墙静蹲 立卧撑	每个动作 30 s，间歇 5 s，循环 3 轮
	全身动作训练： 俯身慢速登山 原地小跳	每个动作 40 s，间歇 10 s，循环 3 轮
第十三天	热身环节： 踏步直臂绕环 半蹲双手向上冲拳 踏步双手下拉 半蹲	每个动作 70 s，循环 3 轮
	HIIT 练习： 双手持哑铃触地 壶铃蹲摆 重球砸地 皮带高拉	每个动作 60 s，间歇 10 s，循环 4 轮

（续表）

	练习方法	时间 / 组数
第十三天	有氧训练： 胯下击掌 抬腿摸脚 开合跳 靠墙静蹲 立卧撑	每个动作 35 s，间歇 5 s，循环 3 轮
	全身动作训练： 俯身慢速登山 原地小跳	每个动作 40 s，间歇 10 s，循环 3 轮
第十四天	热身环节： 踏步直臂绕环 半蹲双手向上冲拳 踏步双手下拉 半蹲	每个动作 70 s，循环 3 轮
	HIIT 练习： 双手持哑铃碎步冲拳 壶铃快推 重球蹲举 皮带高拉	每个动作 60 s，间歇 10 s，循环 4 轮
	有氧训练： 碎步冲拳 小步跑 开合跳 双手持哑铃碎步冲拳 俯身慢速登山 靠墙静蹲	每个动作 40 s，间歇 5 s，循环 3 轮

（续表）

	练习方法	时间 / 组数
第十四天	全身动作训练： 俯身慢速登山 原地小跳	每个动作 40 s，间歇 10 s，循环 3 轮

三、第三阶段：最后这么练（Day15—21）

目标：降低 BMI 指数，形成长期自律。

重点：多样化运动组合，具体见表 3。

表 3　第三阶段训练表

	练习方法	时间 / 组数
第十五天	热身环节： 原地踏步 半蹲双拳上举下拉 侧平举夹肩 双手相叠触膝	每个动作 70 s，循环 3 轮
	HIIT 练习： 双手持哑铃碎步冲拳 壶铃快推 重球蹲举 皮带高拉	每个动作 60 s，间歇 10 s，循环 4 轮

（续表）

	练习方法	时间 / 组数
第十五天	有氧训练： 开合跳 双手持哑铃碎步冲拳 原地快速小步跑 扶墙登山 双手持哑铃碎步冲拳 下蹲摸地 跳步摆拳 抬腿摸脚 跳步摆拳 抬腿肘触膝	每个动作 35 s，间歇 5 s，循环 4 轮
	全身动作训练： 俯身慢速登山 立卧撑	每个动作 30 s，间歇 10 s，循环 2 轮
第十六天	热身环节： 原地踏步 半蹲双拳上举下拉 侧平举夹肩 双手相叠触膝	每个动作 70 s，循环 3 轮
	HIIT 练习： 双手持哑铃碎步冲拳 壶铃快推 重球蹲举 皮带高拉	每个动作 60 s，间歇 10 s，循环 4 轮

（续表）

	练习方法	时间 / 组数
第十六天	有氧训练： 开合跳 双手持哑铃碎步冲拳 原地快速小步跑 扶墙登山 双手持哑铃碎步冲拳 下蹲摸地 跳步摆拳 抬腿摸脚 跳步摆拳 抬腿肘触膝	每个动作 45 s，间歇 10 s，循环 4 轮
	全身动作训练： 俯身慢速登山 立卧撑	每个动作 30 s，间歇 10 s，循环 2 轮
第十七天	热身环节： 半蹲单手向上冲拳 半蹲双拳上举下拉 侧平举夹肩 双手相叠触膝	每个动作 70 s，循环 3 轮
	HIIT 练习： 深蹲双手持哑铃碎步冲拳 壶铃快推 重球蹲举 皮带高拉	每个动作 60 s，间歇 10 s，循环 4 轮
	完成 4 000 m 慢跑或快走	速度 7 km/h 或 8 km/h

（续表）

	练习方法	时间 / 组数
第十八天	热身环节： 半蹲单手向上冲拳 半蹲双拳上举下拉 侧平举夹肩 双手相叠触膝	每个动作 70 s，循环 3 轮
	HIIT 练习： 双手持哑铃碎步冲拳 壶铃蹲摆 重球蹲举 皮带高拉	每个动作 60 s，间歇 10 s，循环 4 轮
	有氧训练： 开合跳 双手持哑铃碎步冲拳 原地快速小步跑 扶墙登山 双手持哑铃碎步冲拳 下蹲摸地 跳步摆拳 抬腿摸脚 跳步摆拳 抬腿肘触膝	每个动作 45 s，间歇 10 s，循环 4 轮
	全身动作训练： 俯身慢速登山 立卧撑	每个动作 30 s，间歇 10 s，循环 2 轮

（续表）

	练习方法	时间 / 组数
第十九天	热身环节： 半蹲单手向上冲拳 半蹲双拳上举下拉 侧平举夹肩 双手相叠触膝	每个动作 70 s，循环 3 轮
	HIIT 练习： 双手持哑铃碎步冲拳 壶铃蹲摆 重球蹲举 皮带高拉	每个动作 60 s，间歇 10 s，循环 4 轮
	有氧训练： 开合跳 双手持哑铃碎步冲拳 原地快速小步跑 下蹲摸地 抬腿摸脚 抬腿肘触膝	每个动作 60 s，间歇 10 s，循环 4 轮
	全身动作训练： 俯身慢速登山 立卧撑	每个动作 30 s，间歇 10 s，循环 2 轮
第二十天	热身环节： 半蹲单手向上冲拳 半蹲双拳上举下拉 侧平举夹肩 双手相叠触膝	每个动作 70 s，循环 3 轮

（续表）

	练习方法	时间 / 组数
第二十天	HIIT 练习： 深蹲双手持哑铃触地 壶铃蹲摆 重球蹲举 皮带高拉	每个动作 60 s，间歇 10 s，循环 3 轮
	有氧训练： 开合跳 双手持哑铃碎步冲拳 原地快速小步跑 下蹲摸地 抬腿摸脚 抬腿肘触膝	每个动作 70 s，间歇 10 s，循环 3 轮
	全身动作训练： 俯身慢速登山 立卧撑	每个动作 30 s，间歇 10 s，循环 2 轮
第二十一天	热身环节： 完成 1 000 m 快走或慢跑	速度 7 km/h 或 8 km/h
	完成 3 000 m 跑步	8 km/h
	HIIT 训练： 开合跳 双手持哑铃碎步冲拳 原地快速小步跑	每个动作 30 s，间歇 10 s，循环 3 轮

打卡手账

第六章

学会了吧，咱自己练一套！

目标：养成锻炼习惯，保持良好身材。

重点：变换减重、减脂训练组合，使减脂更具吸引力。

读者可以根据本书提供的相关动作和方法，自行组合训练。

打卡手账

第七章

体测提升指南

一、体测基础与科学认知

（一）体测基础

作为依托《国家学生体质健康标准》建立的核心健康监测体系，学生体质健康测试（简称体测）承载着保障青少年体质健康的重要使命。体测的开端可追溯至 1985 年，我国正式启动“全国青少年体质调研”，对青少年体质状况进行了系统性监测。这一举措的背后，是国家对青少年群体身体素质的高度重视，是对国民健康长远发展的战略考量。

过去数十年间，体测经历了数次变革。2002 年，随着“健康第一”教育理念的推进，体测不再局限于单纯的体能测试，而开始转向更为全面的健康监测。这一转变标志着体测的目标从单一的体能评估，扩展到对学生整体健康状况的综合考量。此后体测更加注重引导学生养成健康生活方式，并促进学生身体机能的全面发展。2014 年，体测的指标体系进一步完善，纳入了身体质量指数（BMI）、引体向上等复合评估指标。这些新增指标使体测能够从多个角度更科学、更全面地评估学生的身体素质。2023 年，体测过程实现智能化升级，智能跳绳、AI 动作识别等先进技术的应用，大幅度提升了数据采集的精准度和效率，推动体测迈入了智能化时代。如今，现行体测标准已涵盖体脂率、动态平衡能力、脊柱侧弯筛查等20项指标，与世界卫生组织（WHO）发布的《全球儿童青少年体力活动指南》所倡导的“科学运动量化”理念高度契合，充分展现了我国体测体系与国际先进标准接轨的发展态势。

为了更深入地了解体测体系，对比了不同国家的体测政策（表4）。中国的体测政策以健康风险预警为核心理念，通过每年一次测试，对学生的体质健康状况进行持续监测。在技术方面，智能跳绳、AI动作识别等高科技手段的运用，不仅提高了测试的准确性，还为学生带来了全新的测试体验。此外，中国将中考体育分数占比提升至10%～15%，部分地区甚至高达60～100分，这种将体测与升学紧密挂钩的激励机制，有力地提高了学生和学校对体育锻炼的重视程度。日本的体测则侧重于运动习惯培养，每学期两次测试，旨在通过高频次的监测，帮助学生养成良好的运动习惯。日本采用可穿戴式心率监测设备，实时追踪学生的运动状态，为学生的体育锻炼提供科学指导，并且将体测结果与升学综合素质评价挂钩，从多个维度评价学生的发展。美国的体测政策以选拔精英体能人才为目标，仅在学生入学和毕业时各进行一次测试，利用VR虚拟体能测试等技术，选拔出具有优秀体能素质的学生。体测成绩也成为部分大学申请奖学金的重要指标，以此激励学生在体能方面追求卓越。

表 4　国际体测政策对比

国家	核心理念	测试频率	技术应用	激励机制
中国	健康风险预警	每年 1 次	智能跳绳、AI 动作识别	中考体育占比 10%~15%
日本	运动习惯培养	每学期 2 次	可穿戴式心率监测	与升学综合素质挂钩
美国	精英体能选拔	入学和毕业各 1 次	VR 虚拟体能测试	大学奖学金申请门槛

世界卫生组织（WHO）明确指出，成年人每周需至少完成 150 min 中等强度运动或 75 min 高强度运动。体测项目正是衡量该运动标准执行情况的科学手段。从健康角度来看，体测结果与慢性病风险密切相关。心肺功能作为身体健康的重要指标，其水平可通过肺活量和最大摄氧量（VO_2max）等指标来评估。研究表明，心肺功能水平每提升 1 代谢当量（1 MET），全因死亡率可下降 12%。这意味着良好的心肺功能不仅能够提高身体的耐力和运动能力，还能显著降低各种疾病导致的死亡风险。肌肉骨骼健康则可通过力量测试（如引体向上）进行评估，肌肉量每增加 10%，骨折风险可降低 15%。充足的肌肉量能够为骨骼提供更好的支撑和保护，减少骨折等意外情况的发生。此外，体测的社会价值同样不容忽视。在中国，中考体育分数占比的提升，使得体育教育在学校教育中的地位日益重要，促使学校和家长

更加重视学生的体育锻炼。在职业领域，消防员入职需通过负重 40 kg 完成 100 m 跑步的硬性考核，公安干警则需在 14 min 内跑完 3 000 m，这些要求体现了体测在职业选拔中的重要作用，可确保从业人员具备胜任高强度工作的良好身体素质。

不同人群的体测标准存在显著差异。以大学生为例，男性 1 000 m 跑的及格线为 4′ 30″，这一标准对大学生的耐力和速度都提出了要求。由于职业的特殊性，公安干警需具备更强的体能，因此其体测标准为 14 min 内完成 3 000 m 跑。对于中老年人而言，健康基准为 6 min 步行 400 m。这一标准更注重中老年人的日常活动能力和身体机能。在设定个人目标时，遵循企业管理原则（SMART）至关重要。以一名 28 岁、BMI 为 26 的办公室职员为例，其 3 个月目标可设定为减重 5 kg（BMI 降至 24），1 000 m 跑成绩提升至 5 min 内。为实现这一目标，他可以通过每周 4 次有氧训练和 2 次力量训练来进行针对性锻炼。有氧训练如跑步、游泳等能够有效消耗热量，帮助减轻体重；力量训练如举重、俯卧撑等则可以增加肌肉量，提高基础代谢率，从而进一步促进减重和体能的提升。

体测项目的评分标准与体能维度紧密关联。《国家学生体质健康标准》规定大学男生的 BMI 需处于 17.9 ～ 23.9 范围内，这一范围反映了正常的体重身高比。然而，BMI 仅是一个初步评估指标，还需结合体脂率（男性理想值为 10% ～ 20%）进行综合评估，才能更准确地判断身体的脂肪含量和健康状况。该标准规定大三及大四男生的肺活量不低于 3 200 mL。肺活量直接体现了呼吸肌的效能，成年男性平均肺活量约 3 500 mL。良好的肺活量意味着呼吸功能较强，能够为身体提供充足的氧气，满足日常活动和运动的需求。同时，该标准规定大三及大四男生坐位体前屈超过 4.2 cm 方可达标。坐位体前屈不足可能预示腘绳肌紧张或核心力量薄弱。研究显示，柔韧性每提升 5 cm 可降低 22% 的腰痛风险，这表明良好的柔韧性对于预防腰部疾病具有重要意义。立定跳远作为爆发力指标，成绩每增加 10 cm，短跑速度平均提高 0.1 s/10 m。通过这些数据，我们可以清晰地看到体测项目与体能素质之间的多维映射关系。

通过简单的自我评估，我们可以快速识别自身的体能短板。例如，若在过顶深蹲时膝盖内扣，则提示可能髋外旋肌群薄弱，可通过蚌式开合训练进行针对性强化。蚌式开合训练能够有效锻炼髋外旋肌群，增强其力量，从而改善过顶深蹲姿势。此外，还有许多其他的自我评估方法，如单腿站立测试可以评估平衡能力，平板支撑测试可以评估核心力量等。通过这些简单的测试，我们可以更好地了解自己的身体状况，制订个性化的锻炼计划。

在实际的体测过程中，参与者还会遇到许多具体的问题和挑战。对于学生而言，如何克服对体测的恐惧心理，主动参与体测项目是一个常见的问题。学校和家长可以通过加强体育教育，培养学生的运动兴趣，让学生认识到体测的重要性，从而以积极的心态参与体测。对于教师和体测工作人员而言，确保体测数据的准确性和公正性是一项重要任务。需要严格遵循体测标准和操作流程进行测试，避免人为因素对测试结果的影响。同时，随着体测技术的不断发展，如何熟练掌握和运用新的技术设备，也是他们面临的挑战之一。

展望未来，体测的发展前景广阔。随着科技的不断进步，AI、VR与可穿戴设备将进一步融入体测领域，实现动作实时纠正与个性化方案生成。学生体测时，智能设备可以实时监测动作，及时发现并纠正错误动作，提升动作规范性。同时，根据学生的体测数据和个人特点，生成个性化的锻炼方案，帮助学生更有针对性地进行体育锻炼。此外，体测可以从学生阶段延伸至全生命周期，并建立个人动态健康档案，记录个体不同阶段的体测数据和健康状况。通过对这些数据的分析和对比，我们可以更好地了解自己的身体变化趋势，及时调整生活方式和锻炼计划。体育、教育、医疗部门之间的数据互通将成为未来的发展趋势，形成“监测—干预—促进”的健康管理闭环。通过数据共享，各部门协同为学生和公众提供更全面、更专业的健康服务。

作为保障青少年体质健康的重要手段，在过去数十年间体测体系不断发展和完善。通过国际对比、健康价值分析及对体测项目的深入解读，我们能够更加全面地认识体测的重要意义。在未来，随着技术的创新和政策的优化，体测将为全民健康事业做出更大的贡献。无论是学生、教师、家长还是社会各界，都应该重视体测，积极参与体育锻炼，共同推动我国体质健康事业的发展。

（二）科学认知

科学训练需遵循个人生理机制进行设计。根据超量恢复理论，运动后 48 ～ 72 h 身体机能会恢复并提升至高于原有水平，故同一肌群训练间隔应至少为 48 h。特异性原则强调训练效果仅针对所练模式，例如，长期慢跑难以提升立定跳远成绩；而引体向上能力的突破需结合离心收缩与悬挂保持等专项训练。个体差异亦不可忽视：如 ACTN3 基因与快肌纤维的功能密切相关，快肌纤维主导者擅长爆发力项目，慢肌纤维主导者则需延长 2 ～ 3 周的训练周期方能达成同等效果。

为辅助读者实践，本章为读者提供了体测目标设定模板与风险提示。使用该模板时需明确，当前体测总分、3 个月预期目标、重点突破项目及周训练频率。同时需警惕 BMI 无法区分肌肉与脂肪，突击节食可能引发低血糖晕厥。通过系统理解体测的科学内涵，并制订个体化策略，读者可精准定位自身短板，为后续分项提升奠定基础。

1. 体测指标的生物医学逻辑

（1）心肺功能：代谢健康的核心窗口

线粒体效能：每周进行 3 次 HIIT 训练可使线粒体 DNA 拷贝数量增加 35%，柠檬酸合成酶活性提升 28%，这些变化可直接提升心肺耐力。

临床关联：当大学男生 $VO_2max < 30$ mL/kg/min，女生 $VO_2max <$ 27 mL/kg/min 时，其心血管疾病风险是达标者的 2 倍；1 000 m 跑成绩与颈动脉内膜厚度呈负相关，表明耐力越好，颈动脉内膜厚度可能越薄。

（2）肌肉骨骼健康：力量与柔韧的力学平衡

力量公式：

引体向上次数 = 0.03 × 背阔肌横截面积 (cm^2) – 0.1 × 体脂率 (%)

该公式揭示了肌肉量与体脂率对力量的双重影响。

柔韧风险：坐位体前屈每提升 5 cm，腰椎间盘压力降低 18%，腘绳肌牵张反射阈值提升 22%，这表明柔韧性不足者腰痛风险将增加 2.3 倍。

（3）体成分评估：通过分析体脂率、骨骼肌量和腰臀比等指标，体成分评估可提供超越 BMI 的精准洞察，具体数据见表 5。

表 5 体成分评估监控表

指标	健康阈值	检测技术	干预临界点
体脂率	男 10% ～ 20% 女 20% ～ 30%	生物电阻抗（BIA）	男＞ 25% 女＞ 35%
骨骼肌量	男≥ 7.0 kg/m^2 女≥ 5.7 kg/m^2	DXA 双能 X 射线	低于阈值 10%
腰臀比	男≤ 0.9 女≤ 0.85	软尺测量	超出阈值 10%

2. 运动科学理论的实践框架

（1）超量恢复的时间—剂量模型

快肌纤维超量恢复期为 72 h（如立定跳远训练），慢肌纤维超量恢复期为 48 h（如长跑训练），训练间隔需严格遵循上述恢复期，避免过度疲劳。

（2）基因—训练响应机制

ACTN3 基因：ACTN3 基因突变生成的 R 等位携带者与非携带者相比，其快肌纤维比例高 15%，立定跳远成绩平均高 12 cm，对弹震式训练响应效率提升 40%。

PPARG 基因：PPARG 基因突变生成的 Ala 等位携带者与非携带者相比，其脂肪酸氧化效率高 22%，同等强度跑步减脂量多 18%，更适合低强度稳态有氧运动。

（3）特异性原则的三维应用

动作模式：肌电图研究表明，引体向上专项训练激活背阔肌运动单位数量是哑铃划船的 1.8 倍，因此需针对性设计悬挂离心收缩训练。

能量代谢：800 m 跑与 20 min 长距离慢跑的有氧代谢训练量相比，所需糖酵解比例为 3 ∶ 7，由此可知，单一模式运动效率低 40%。

3. SMART-3.0 目标设定系统

以高三学生 16 周体测攻坚计划为例。

具体（S）：1 000 m 跑所需时间从 5′ 0″ → 3′ 55″，体脂率从 22% 降低至 15%，坐位体前屈从 – 2 cm 提升至 8 cm。

可衡量（M）：每周用 MyFitnessPal 等软件记录 500 kcal 热量缺口，每月用专业人体成分分析仪检测骨骼肌量（目标增量 2 kg）。

环境适配（E）：冬季训练加入 5 ℃低温跑（每周 1 次），考试月可调整为“晨跑 + 晚间核心肌群训练”双时段模式。

风险控制（R）：预设足底筋膜炎预防方案（夜间贴扎并配合筋膜球放松）。

二、分项突破指南

（一）心肺耐力提升

1. 心肺耐力的生理学基础与能量代谢

心肺耐力的核心在于人体高效利用氧气的能力，涉及心脏泵血效率、肺部气体交换、毛细血管氧输送及肌肉线粒体氧化能力。

最大摄氧量（VO_2max）：成年男性平均值为 35 ～ 45 mL/(kg · min)，女性为 30 ～ 38 mL/(kg · min)，耐力运动员可达 70 ～ 80 mL/(kg · min)。VO_2max 每提升 5%，1 000 m 跑成绩平均可缩短 10 ～ 15 s。

乳酸阈值（LT）：普通人群的乳酸阈值为最大心率的 75% ～ 85%，通过训练可提升至 85% ～ 90%。当运动强度超过 LT 时，血乳酸浓度每升高 1 mmol/L，疲劳感增加 20%。

2. 800/1 000 m 跑的供能系统解析

磷酸原系统（0 ～ 10 s）：依赖磷酸原系统快速供能，支撑起跑冲刺（如前 100 m）。

糖酵解系统（10 s ～ 2 min）：无氧代谢产生乳酸，导致肌肉酸胀（跑至约 600 m 处“极点”高发）。

有氧系统（2 min 以上）：脂肪和糖原氧化供能，决定后程耐力。

训练重点：提升糖酵解效率（抗乳酸训练）与有氧代谢能力（LSD 长跑）。

3. 间歇跑的科学设计与变式

（1）初级计划（适合 1 000 m 成绩大于 5′ 者）

训练目标：提升有氧基础与速度耐力。

方案示例：

400 m×8 组：配速比当前最佳快 8～10 s（如当前 1 000 m 配速 5′→间歇配速 4′30″）。

组间休息：慢跑 200 m 或静息 2 min（心率恢复至 120 次 /min 以下）。

进阶标志：连续 3 周完成训练，且配速稳定。

（2）高阶计划（适合 1 000 m 跑成绩小于 4′ 30″ 者）

金字塔间歇训练：200 m（配速 4′）→ 400 m（配速 4′ 10″）→ 600 m（配速 4′ 20″）→ 400 m → 200 m。

组间休息：200 m 跑后休息 3 min → 400 m 跑后休息 2.5 min → 600 m 跑后休息 2 min → 400 m 跑后休息 1.5 min → 200 m 跑后休息 1 min。

效果：提升乳酸清除速率 20%，冲刺阶段配速稳定性提高 15%。

4. 呼吸与步频的协同优化

（1）三步一吸法：适用于有氧阶段（步频 160～170 步 /min），确保氧气摄入充足（吸气深度占肺活量 70%）。

（2）两步一吸法：冲刺阶段（步频≥ 180 步 /min）提高呼吸频率，减少 CO_2 潴留（避免头晕）。

（3）训练工具：

节拍器 APP：设定目标步频（如 180 步 /min），逐步适应节奏。

呼吸训练器：每日早晚各 30 次阻力呼吸，提升膈肌力量 15%。

5. 实战案例：大学生张某的 8 周突破计划

（1）初始状态：BMI 为 24.5，1 000 m 成绩 5′ 20″，静息心率 78 次 /min，肺活量 3 200 mL。

（2）周期化训练安排：

第 1 ~ 2 周（适应期）：

周一～周四：LSD 跑 30 min（心率 135 ～ 145 次 /min）。

周三：400 m 跑 ×6 组（配速 4′ 30″，组间慢跑 200 m）。

第 3 ~ 6 周（强化期）：

周一～周四：800 m 跑 ×4 组（配速 4′ 10″，组间慢跑 400 m）。

周三：法特莱克变速跑（快跑 1 min →慢跑 2 min，循环 8 次）。

第 7 ~ 8 周（冲刺期）：

周一：1 000 m 计时跑（目标配速 4′）。

周四：200 m 跑 ×10 组（配速 3′ 50″，组间休息 1 min）。

（3）成果：

1 000 m 成绩 4′ 08″（提升 1′ 12″）。

肺活量增至 3900 mL（提升 21.8%）。

体脂率从 18.5% 降至 15.3%。

（二）力量素质强化

1. 引体向上的进阶策略与动作分解

引体向上考验背阔肌、肱二头肌与核心肌群的协同发力，需分阶段突破：

（1）悬挂阶段（0～3次）：

目标：每天累计悬挂时间大于2 min（分4～5组完成）。

技巧：肩胛骨下沉收紧，避免耸肩（减少斜方肌代偿）。

（2）离心训练（3～5次）：

方法：跳起至最高点后缓慢下落（5 s/次），4组 ×5次。

效果：增强肌肉离心控制力，提升动作稳定性。

（3）弹力带辅助（5～10次）：

阻力选择：弹力带减重30%～50%（如体重70 kg者可选150磅弹力带）。

训练量：5组 ×8次，组间休息2 min。

2. 立定跳远的生物力学优化与辅助训练

（1）预摆阶段：手臂后摆至肩角大于150°，重心前移至前脚掌（蹬地力矩增大20%）。

（2）蹬地发力：髋关节主导发力（占比50%），膝、踝依次伸展（30%与20%）。

（3）空中姿态：快速屈髋收腿（大腿与躯干夹角不大于90°），延长滞空时间0.2～0.3 s。

（4）辅助训练：

跳箱训练：从30 cm高度跳下后立即起跳，增强反应力量（4组×8次）。

壶铃摇摆：20 kg壶铃×15次/组×4组，强化髋部爆发力。

3. 力量训练的周期化设计

（1）增肌期（1～4周）：

负荷：65%～75%一次最大负重（1 RM），每组8～12次。

动作：深蹲、卧推、划船（每周3次，每次4～5个动作）。

（2）增力期（5～8周）：

负荷：85%～90% 1 RM，每组3～5次。

动作：高翻、抓举、负重弓步（每周2次，每次3～4个动作）。

案例：健身爱好者李某通过6周周期化训练，深蹲1 RM从80 kg提升至105 kg，立定跳远成绩从2.2 m增至2.5 m。

4. 女性力量训练的特殊考量

（1）激素特点：女性睾酮水平仅为男性的1/10，需更多的训练量（多15%～20%）来刺激肌肥大。

（2）安全动作调整：

跪姿俯卧撑：减小肩关节压力（适合初学者）。

箱式深蹲：膝盖不过脚尖，降低腰椎负荷。

（3）案例：产后女性刘某通过 6 周壶铃训练（12 kg × 15 次 / 组 × 4 组），仰卧起坐从 18 次 /min 提升至 35 次 /min，核心肌群稳定性显著改善。

（三）柔韧与协调性优化

1. 坐位体前屈的解剖学限制与解决方案

（1）限制因素：

腘绳肌紧张：占柔韧受限的 60%（股二头肌短头与半腱肌僵硬）。

胸椎僵直：胸椎旋转角度小于 35° （正常范围 35° ～ 50° ）导致躯干前屈受限。

（2）训练方案：

动态拉伸：站姿体前屈动态摆动（15 次 / 组 ×3 组），激活后链肌群。

PNF 拉伸：在搭档辅助下，先等长收缩腘绳肌 6 s，随即放松并拉伸 30 s，重复 3 轮。

（3）效果：2 周内坐位体前屈距离平均提升 4 ～ 7 cm。

2. 协调性训练的科学原理与实操

（1）神经适应机制：绳梯训练可提升运动单位募集速度 15% ～ 20%，缩短反应时 0.1 ～ 0.2 s。

（2）平衡训练：基于 Y–balance 测试可知，单腿闭眼站立时间每增加 10 s，动态平衡能力可提升 30%。

（3）训练计划：

绳梯训练：并步与交叉步组合（30 s/ 组 ×5 组），每周 3 次。

平衡垫训练：单腿蹲（10 次 / 侧 ×3 组），视觉追踪（跟随移动目标），每日 10 min。

（4）案例：羽毛球爱好者王某通过 4 周协调性训练，立定跳远从 2.1 m 提升至 2.35 m，反应速度提高 18%。

（四）体重与体脂管理

1. 精准热量计算与饮食策略

（1）公式：

男性每日热量总消耗（TDEE）= [(10× 体重 kg) + (6.25× 身高 cm) − (5× 年龄) + 5]× 活动系数（1.2 ～ 1.9）。

女性 TDEE= [(10× 体重 kg) + (6.25× 身高 cm) − (5× 年龄) − 161]× 活动系数。

（2）执行策略：

热量缺口：每日 300 ～ 500 kcal [TDEE ×（0.8 ～ 0.85）]。

蛋白质摄入：不小于 1.6 g/kg 体重，如体重 70 kg 者每日蛋白质摄入量应不小于 112 g，优先选择鸡胸肉、鱼类、乳清蛋白等优质蛋白。

2. 碳水循环法的体测实战应用

（1）高碳日（训练日）：碳水化合物 5 ～ 6 g/kg 体重（如体重 70 kg 者碳水化合物摄入量 350 ～ 420 g），提升肌糖原储备。

（2）低碳日（休息日）：碳水化合物 2 ～ 3 g/kg 体重，促进脂肪代谢。

（3）案例：体重 80 kg 男性，测试前 3 天采用高碳饮食（每日 400 g 碳水化合物），1 000 m 跑成绩提升 8 ～ 12 s，疲劳感降低 20%。

3. 科学脱水与风险控制

（1）风险警示：体重降低 3% 导致血浆容量下降 8%，最大摄氧量减少 10%（《运动医学期刊》数据）。

（2）安全替代方案：

测试前 48 h：减少盐分摄入（＜ 3 g/ 天），可降低水肿 2% ～ 3%。

测试当日：小口补充电解质水（每小时 100 ～ 150 mL），维持血钠浓度。

三、周期化训练体系

（一）8 周体测冲刺计划

1. 周期化训练的科学原理

周期化训练通过分阶段调整训练强度与质量，最大化提升体能并避免平台期。基于《运动训练学》理论，可以将 8 周计划分为三个阶段：

（1）基础适应期（第 1 ～ 2 周）：以低强度有氧（60% ～ 65% 最大心率）和自重训练为主，提升关节稳定性与动作模式。

（2）强度提升期（第 3 ～ 6 周）：引入高强度间歇训练（HIIT）和抗阻递增负荷（每周增加 5% ～ 10% 重量），刺激神经肌肉适应。

（3）模拟测试期（第 7 ～ 8 周）：降低训练量（Tapering 技术），保持强度，重点进行体测项目模拟，优化神经募集效率。

2. 每日训练模板与执行细节

（1）晨间动态热身（20 min）：

高抬腿（30 s × 3 组）→跨步跳（左右各 10 次）→蜘蛛爬行（10 m × 2 组）。

目标：提升肌群核心温度 2 ～ 3℃，激活臀肌与肩袖肌群。

（2）午后主项训练（60 min）：

周一、周四：心肺耐力（间歇跑 / 变速跑）。

周二、周五：力量素质（引体向上 / 立定跳远辅助训练）。

周三、周六：柔韧协调（PNF 拉伸 / 绳梯训练）。

（3）晚间恢复（15 min）：

泡沫轴放松股四头肌 / 腘绳肌（每部位 2 min）。

静态拉伸（每个动作维持 30 s，2 组）。

3. 训练负荷监控与调整

（1）RPE 自感用力量表：

1 ～ 3 min（轻松）→ 4 ～ 6 min（中等）→ 7 ～ 10 min（极限）。

建议日常训练控制在 5 ～ 7 min，避免连续 3 天大于 7 min。

（2）周负荷计算公式：

训练量 = 组数 × 次数 × 重量（力量训练）或距离 × 配速（耐力训练）。

每周增幅不大于 10%（如第 1 周总量 10 000 kg，第 2 周不大于 11 000 kg）。

（3）案例：教师王某通过 8 周周期化训练，1 000 m 跑成绩从 5′50″ 提升至 4′40″，训练期间无运动损伤。

4. 特殊人群定制方案

（1）肥胖学生代谢调节计划

第一阶段（1 ～ 4 周）：每日游泳 45 min（水平划水，心率 120 ～

130 次 / min），结合 500 kcal 热量缺口，碳水化合物占比 40%（如燕麦 150 g / 天）。

第二阶段（5～8 周）：弹力带深蹲 ×15 次 / 组 ×4 组，搭配 CLA 共轭亚油酸 3 g / 天。经上述训练，体脂率可下降 9%，坐位体前屈提升 7 cm。

（2）体育特长生敏感期训练

青春期爆发力方案（15～18 岁）：跳箱高度从 50 cm（第 1 月）→80 cm（第 3 月），每周 2 次，搭配钙 1 000 mg、维生素 D3 400 IU，骺板软骨细胞增殖率提升 18%。

（二）避免过度训练与运动损伤

1. 常见错误动作致伤分析

肩袖损伤：引体向上时耸肩（斜方肌代偿）导致冈上肌腱磨损（占肩伤 60%）。

膝关节疼痛：立定跳远落地时膝盖内扣（Q 角过大），髌骨轨迹异常引发炎症。

下背痛：仰卧起坐时腰部反弓（髂腰肌过度激活），椎间盘压力增加 50%。

2. 损伤预防性训练

（1）肩袖强化：

招财猫动作（外旋 15 次 / 组 ×3 组，配合使用 0.5 kg 哑铃）。

弹力带肩外旋（20 次 / 组 ×4 组）。

（2）膝关节保护：

靠墙静蹲（膝盖角度不小于 90°，维持 30 s×5 组）。

单腿硬拉（10 次 / 侧 ×3 组），增强臀中肌稳定性。

（3）核心肌群激活：

死虫式（20 次 / 组 ×3 组），维持腰椎中立位。

3. 运动损伤应急处理

采用 RICE 原则优化（POLICE）。

保护（Protect）：固定受伤部位（如踝关节扭伤，使用弹性绷带）。

适度负荷（Optimal Loading）：伤后 48 h 开始轻负荷活动（如水中行走）。

冰敷（Ice）：每次 15 ~ 20 min，间隔 1 h（急性期 72 h 内）。

加压（Compression）：压力袜或绷带减小肿胀（压力值 20 ~ 30 mmHg）。

抬高（Elevation）：患肢高于心脏 15 ~ 20 cm，促进淋巴回流。

4. 恢复技术实操指南

（1）泡沫轴使用：

股四头肌滚动（痛点停留 30 s，2 组 / 侧）。

胸椎放松（仰卧位前后滚动，改善体前屈受限）。

（2）筋膜枪禁忌区：

颈动脉、脊柱、关节腔（如肘窝 / 腘窝），每部位使用不多于 1 min。

（3）冷热水交替浴：

冷水（10 ～ 15 ℃）1 min →热水（38 ～ 40 ℃）2 min，循环 3 组，缓解延迟性肌肉酸痛（DOMS）30%。

四、体测实战策略

（一）测试前 72 h 关键准备

1. 营养储备与饮食调整

（1）糖原填充法（Glycogen Loading）：

第 1 天：低碳水化合物（3 g/kg 体重），耗竭肌糖原（如体重 70 kg 者摄入 210 g 碳水化合物）。

第 2 ～ 3 天：高碳水化合物（8 ～ 10 g/kg 体重），最大化糖原储备（如体重 70 kg 者摄入 560 ～ 700 g 碳水化合物）。

（2）效果：耐力项目成绩提升 3% ～ 5%。

（3）蛋白质与脂肪策略：

蛋白质维持 1.6 g/kg 体重，优先选择低脂乳制品与鱼类。

脂肪摄入≤ 1 g/kg 体重，避免油炸食品（减轻胃肠负担）。

2. 睡眠优化与生物钟调节

（1）褪黑素调控：

测试前 3 天固定作息（如 22:30 睡～ 6:00 起），睡前 1 h 禁用电子设备（蓝光抑制褪黑素分泌）。

若需早起（如 5:30 测试），提前 3 天每日早睡 15 min 逐步调整。

（2）睡眠质量提升：

测试前夜避免过量饮水（睡前 2 h 限 200 mL）。

使用 4—7—8 呼吸法（吸气 4 s →屏息 7 s →呼气 8 s）快速入眠。

3. 场地适应性训练

（1）逆时针弯道技术：

身体向左倾斜 5° ～ 8°，外侧（右腿）步幅增大 10 cm 以对抗离心力。

（2）弯道加速策略：

入弯前 3 m 提升步频 5%，出弯后 10 m 维持惯性。

（3）环境模拟训练：

若测试在塑胶跑道进行，提前 2 天适应钉鞋与地面回弹力。

（4）高温天气预演：

穿戴长袖训练服模拟散热条件（提升耐热性 15%）。

（5）案例：体育特长生陈某，测试前 3 天执行糖原填充，并配合睡眠优化，1 000 m 跑步成绩从 4′15″ 提升至 3′58″，冲刺阶段步频稳定在 190 步 /min。

（二）临场发挥技巧

1. 心理紧张调控技术

（1）身体—认知双通道干预：

生理层面：双手握紧释放→缓慢张开（重复 3 次），降低皮质醇 20%。

认知层面：自我对话“我已科学准备，只需执行计划”（减小焦虑指数 30%）。

（2）视觉锚定法：

选定跑道标志物（如第 3 道白线）作为专注点，避免分心。

2. 长跑项目的战术选择

（1）跟跑策略：

选定与目标成绩相差 ±10 s 者作为跟跑对象，保持 2 ～ 3 m 距离（减小空气阻力 5%）。

最后 200 m 切换至外侧跑道，利用视野开阔性全力冲刺。

（2）极点突破技巧：

极点出现时，默数呼吸次数（如“1—2—3 吸”，“1—2 呼”），分散注意力。

短暂降速 5%（如配速从 4′ → 4′12″），维持 10 s 后恢复。

3. 突发状况应急处理

（1）岔气（运动性短暂腹痛）：

立即按压疼痛点（通常右侧膈肌），深吸气后憋气 3 s，再缓慢呼气。

调整呼吸节奏至“2 步吸 +1 步呼”，持续 30 s 缓解。

（2）肌肉痉挛：

腓肠肌痉挛：坐姿伸直腿，双手扳脚掌向身体方向牵拉（维持 20 s）。

股四头肌痉挛：俯卧位屈膝向后拉踝关节（保持髋部贴地）。

（3）低血糖反应：

立即含服葡萄糖片（15 g 碳水化合物）或运动饮料（小口多次）。暂停测试，静坐 5 min 后评估状态。

五、可持续体能发展

（一）体能迁移的科学路径

1. 学校体测与职业体能的转化机制

（1）力量素质的垂直迁移规律

①引体向上→消防攀爬：背阔肌功能的专业化延伸

背阔肌作为上肢垂直拉拽的核心肌群，其横截面积与消防攀爬效率呈强正相关。研究表明，背阔肌每增大 1 cm^2 横截面积，6 m 绳攀爬速度平均提升 0.5 s。某消防培训基地设计的“引体向上进阶方案”如下：

基础期（4 周）：自重引体向上，配合弹力带辅助（提升神经募集），8～12 次 ×4 组。

强化期（6 周）：负重引体向上（自身体重 +10 kg），6～8 次 ×5 组，配合滑轮下拉（宽握距）强化肌纤维募集。

应用期（2 周）：模拟攀爬训练（穿消防服负重 5 kg），将背阔肌力量转化为攀爬技巧。

经 12 周训练，学员背阔肌面积从 380 cm^2 增至 420 cm^2，攀爬成绩从 12 s 提升至 9 s，达职业标准优秀水平。

②立定跳远→公安抓捕冲刺：下肢爆发力的场景适配

立定跳远成绩与 30 m 冲刺启动速度显著相关，跳远成绩每增加 10 cm，冲刺时间缩短 0.12 s。某市警校开发的“爆发力—变向”整合训练如下：

弹性势能训练：跳深（从 30 cm 高度跳下后立即跳回原处），4 组 ×6 次，提升肌肉弹性蛋白储能。

变向敏捷训练：Z 字形绕行敏捷梯，配合抛接药球（3 kg），

10 次 ×3 组，强化神经—肌肉协调。

实战模拟：穿防刺服进行“起跑—急停—抓捕”循环训练，将单纯爆发力转化为抓捕技能。

训练 3 个月后，学员立定跳远平均成绩从 220 cm 提升至 250 cm，30 m 冲刺成绩提升 0.36 s，模拟抓捕任务成功率提升 41%。

（2）耐力素质的水平迁移模型

① 800 m 跑→医护急救搬运：心肺功能的持续作业转化

医护人员搬运伤员（约 60 kg）的持续时间与 VO_2max 呈线性相关、某医院对护理团队实施的“心肺耐力—力量整合训练”如下：

有氧基础：每周 3 次 5 km 慢跑（配速 6′ 30″，心率 130 ～ 140 次 /min），提升线粒体数量。

抗阻耐力：手持哑铃（5 kg）进行“搬运姿势”模拟训练，持续行走 5 min×4 组，增强肩背肌群耐力。

间歇强化：全力爬楼梯 2 min，休息 1 min，重复 8 组，提升糖酵解与有氧代谢的协同能力。

训练 16 周后，护士的 VO_2max 从 35 mL/kg/min 提升至 42 mL/kg/min，搬运持续时间从 8 min 延长至 15 min，单次急救任务中可多转移 1 ～ 2 名伤员。

②3 000 m 跑→军人战术行军：低强度耐力的实战适配

军人负重 20 kg 战术行军（速度 5 km/h）的疲劳阈值与 3 000 m 跑成绩显著相关。某部队采用的“负荷—节奏”双维训练法如下：

负荷递增：从负重 10 kg 开始，每周增加 2 kg，直至达到 20 kg 标准。

节奏控制：采用“5 步吸气—5 步呼气”的呼吸模式，配合步频 120 步 /min，提升能量利用效率。

地形模拟：每周 2 次山地行军（海拔落差 200 m），增强肌群适应性。

训练 20 周后，士兵 3 000 m 跑成绩从 14′ 提升至 12′ 30″，负重行军疲劳感评分降低 37%，连续行军时间延长 2 h。

2. 运动习惯养成的三维驱动模型

（1）个体层：“微习惯”设计的行为科学依据

采用智能手环设置“每日 10 000 步 +10 min 拉伸”的微习惯目标，并基于福格行为模型，利用“提示—渴求—反应—奖励”循环，使用户习惯养成率提升 47%。具体实施策略如下：

环境提示：将运动鞋置于门口，并设置手机整点提醒（如 10:00、15:00 或 20:00）。

微小启动：从“穿上运动鞋站立”开始，降低行动阻力。

即时奖励：每完成 1 000 步点亮手环勋章，累计奖励兑换运动装备。

以某社区为试点运行一段时间后显示，采用“微习惯”设计的人群中，坚持运动超 6 个月的人数占 63%，显著高于传统激励组的 28%。

（2）人际层：社会认同理论的群体效应

加入跑团后，成员运动坚持率从 32% 提升至 79%，这一提升主要归因于“从众心理”与“集体归属感”。某跑步 APP 建立“线上—线下”联动机制具体如下：

线上社群：设置每日打卡排名，并实行设置“新手保护期”（前 2 周不公开成绩）。

线下活动：每周组织成员到公园跑步（按配速分组）、设置“师徒结对”模式（资深跑者带领新手）。

正向反馈：团队累计跑量可兑换公益基金（如每跑 1 km 捐赠 1 元），增强运动的意义感。

数据显示，跑团成员平均每周运动频次达 4.2 次，显著高于个体锻炼者的 2.1 次。

（3）社区层：资源优化降低运动成本

利用学校健身房免费时段（如 18:00—19:00），并结合“共享运动装备”模式（如公用瑜伽垫、弹力带），可使居民运动成本降低

60%。上海某社区与周边中学合作，推出“15 min 健身圈”计划，具体如下：

时段错峰：在工作日傍晚和周末上午开放学校田径场、体育馆。

装备共享：建立“运动装备银行”，居民可凭身份证借用跳绳、哑铃等器材。

课程共建：邀请体育教师开设“体测提升工作坊”（如教授引体向上技巧、坐位体前屈拉伸方法等）。

实施半年后，该社区居民运动参与率从 38% 提升至 67%，人均月运动支出从 210 元降至 84 元。

（二）全生命周期体能守护策略

1. 青年期（20 ～ 30 岁）：机能峰值的强化与防护

（1）肌腱强化：预防运动损伤的生物力学干预

跟腱炎是青年运动人群的高发疾病，提踵训练（20 kg × 15 次 / 组 × 4 组，每周 2 次）可使跟腱胶原纤维直径增加 12%，抗张强度提升 28%。具体方案如下：

离心阶段强化：负重提踵后慢速下放（4 s），增强跟腱承受拉伸负荷的能力。

本体感觉训练：闭眼提踵（单脚站立），30 s/ 侧 ×2 组，提升脚踝稳定性。

负荷渐进：每周增加 2.5 kg 负重，直至达到自身体重的 50%（如 70 kg 男性最终负荷 35 kg）。

坚持 16 周后，受试者跟腱炎风险评分（AOFAS 量表）降低 50%，跳跃落地时疼痛发生率从 45% 降至 12%。

（2）骨密度维护：抗阻训练的成骨效应

硬拉（65% 1RM × 12 次 / 组 × 4 组）可使成骨细胞活性提升 9%，显著高于有氧运动（如跑步）。一项为期 2 年的追踪研究显示，每周 2 次抗阻训练的青年女性，腰椎骨密度年流失率仅 0.3%，而未训练组为 1.2%。训练要点如下：

动作规范：保持脊柱中立位，避免弯腰弓背导致腰椎压力集中。

营养协同：训练后补充钙质（500 mg）和维生素 D（400 IU），促进钙沉积。

周期调整：每 8 周改变训练负荷（如从 65% 1 RM 升至 70%），持续刺激成骨反应。

2. 老年期（60 岁 +）：功能衰退的主动干预

（1）平衡三联训练：跌倒风险的多维防控

跌倒导致的髋部骨折是老年人群致残的主要原因，平衡三联训练（单腿站立 + 抛接球 + 走直线）可使跌倒风险降低 53%（《老年医学杂志》）。训练方案如下：

单腿站立：睁眼→闭眼，从每侧 10 s 逐步延长至 30 s，激活前庭系统。

抛接球：双手抛接 200 g 软球（坐或站立均可），10 次 / 侧 ×3 组，提升手眼协调。

直线走：脚跟接脚尖行走 10 m×3 次，增强本体感觉与重心控制。

每周 4 次训练，持续 24 周后，老年人单腿站立时间从 12 s 提升至 28 s，简易平衡评分（BBS）从 18 min（临界值）提升至 24 min（良好）。

（2）肌肉衰减预防：蛋白质营养与抗阻训练

老年人肌肉量每年流失 1% ～ 2%，保证每日蛋白质摄入量 1.2 g/kg，并配合抗阻训练（如坐姿腿屈伸）可使肌肉流失率降低 60%。具体方案如下：

营养方案：早餐（鸡蛋 2 个和牛奶 200 mL）、午餐（瘦肉 100 g 和豆腐 100 g）、晚餐（鱼肉 100 g 和希腊酸奶 100 g），每日摄入总蛋白约 90 g（此摄入量以 70 kg 老年人为例）。

抗阻训练：每周 3 次坐姿腿屈伸（15 RM×3 组），配合哑铃侧平举（12 RM×3 组），重点训练下肢与肩带肌群。

代谢激活：餐前 30 min 摄入 20 g 乳清蛋白，刺激肌肉蛋白合成峰值提升 50%。

六、结语

体能不仅是体测表上的数字，更是连接学校教育、职业需求与全部生命周期健康的核心要素。通过科学的体能迁移训练，可以将学生阶段的体测能力转化为职业场景的实操优势；借助全生命周期的分层干预，能主动延缓身体机能衰退、提升生活质量；依托数据驱动的预警体系，则可实现从被动检测到主动健康管理的范式转变。未来，随着 AI、可穿戴设备与运动科学的深度融合，体能管理将更具个性化、精准化，成为每个人健康生活的基础支撑。

打卡手账